HALLO ANNA
Vorkurs

Aleksandra Kubicka
Olga Swerlowa

Deutsch für Kinder
Arbeitsbuch

Wydawnictwo LektorKlett Sp. z o.o.
ul. Polska 114
60-401 Poznań
tel. 61 62 69 090
faks 61 84 96 212
doradcy@klett.pl
www.klett.pl

© Wydawnictwo LektorKlett, Poznań 2019
ISBN: 978-3-12-600072-7

Konzeption des Kurses: Olga Swerlowa
Autoren: Jacek Betleja, Olga Swerlowa
Redaktion: Kornelia Kucharska, Maciej Nietrzebka
Illustrationen: Paweł Miedziński (S. 4–6), Krzysztof Kałucki Art of Colours (S. 7–68 basierend auf Illustrationen zu *Hallo Anna 1* und *Hallo Anna Vorkurs* von Paweł Miedziński)
Umschlaggestaltung und Layout: H7 Sp. z o.o.
Satz: studio**KO** Jerzy Nawrot

Fotos: © Umschlagfoto: shutterstock/Phase4Studios; iStock.com/tkoko (7.1); iStock.com/tkoko (7.2)

Tonaufnahmen: Studio MM, Poznań; Start International Poland Sp. z o.o., Warszawa
Musikalische Vorbereitung der Kinder: Marcin Lemiszewski
Sprecher: Alva Switakowski, Julia Flath, Julia Merzbach, Marian Stach, Gabriel Turek, Philipp Wandel, Lyra Ziburske, Nicole Krohn-Nadarzyński, Maximilian Weiß, Marlena Weiß, Marc Tobias Winterhagen
Texte der Lieder: Aleksandra Kubicka
Komposition und Arrangement der Lieder: Grzegorz Kopala

Wir danken Herrn Marcin Lemiszewski, den Schülerinnen und Schülern der Musikakademie der WBS Warschau sowie ihren Eltern für die tatkräftige Unterstützung bei den Tonaufnahmen.

1200803

Hallo!

Male aus.

6

Male aus.

Meine Familie

Kreise ein und male aus.

Hör zu und kleb ein.

Finde und verbinde. Male aus.

Finde und male aus.

Zeichne und male aus.

1·22

Hör zu und kreise ein. Male aus.

15

Finde und male aus.

Finde und verbinde. Male aus.

Finde und male aus.

Finde und male aus.

Meine Spielsachen

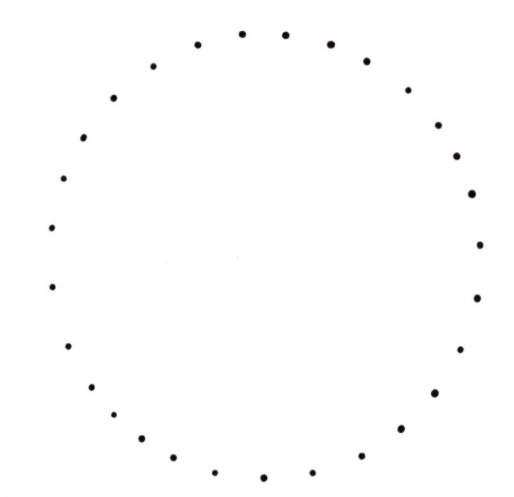

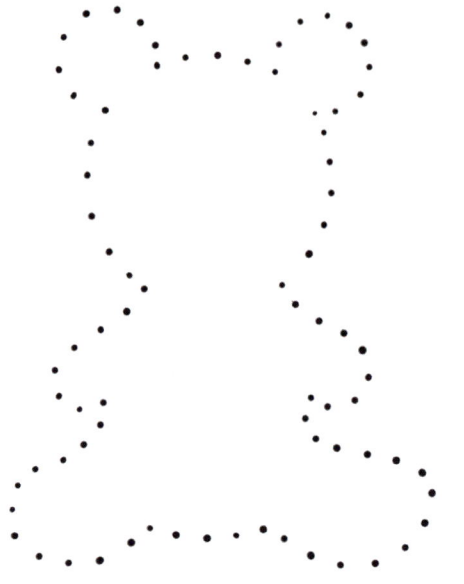

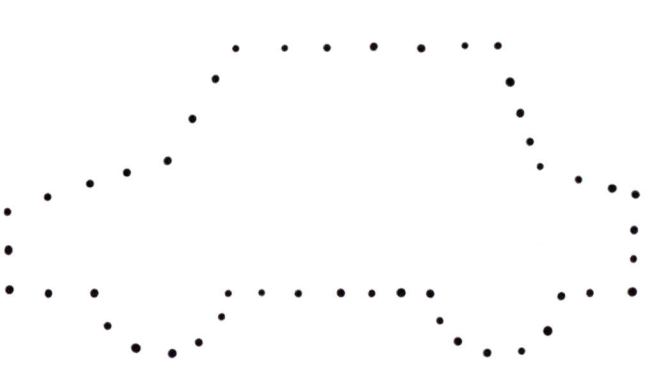

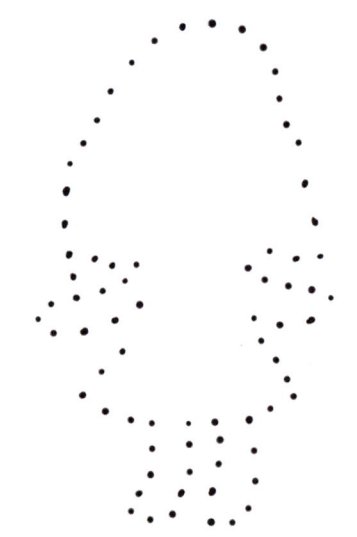

Zeichne und male aus.

1·32

Hör zu und verbinde. Male aus.

Zeichne.

24

Male aus.

Meine Limonade

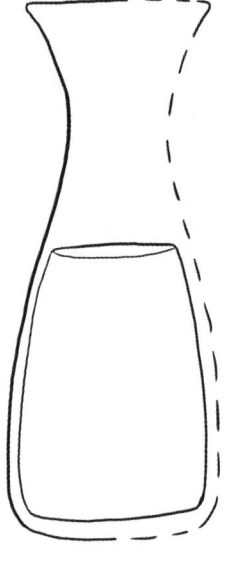

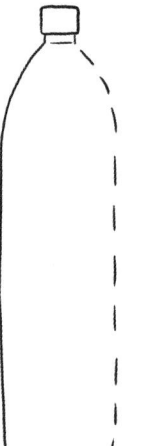

Zeichne und male aus.

Hör zu und kreise ein. Male aus.

28

Finde und male aus.

Kleb ein.

29

30 Finde und male aus.

Kreise ein und male aus.

31

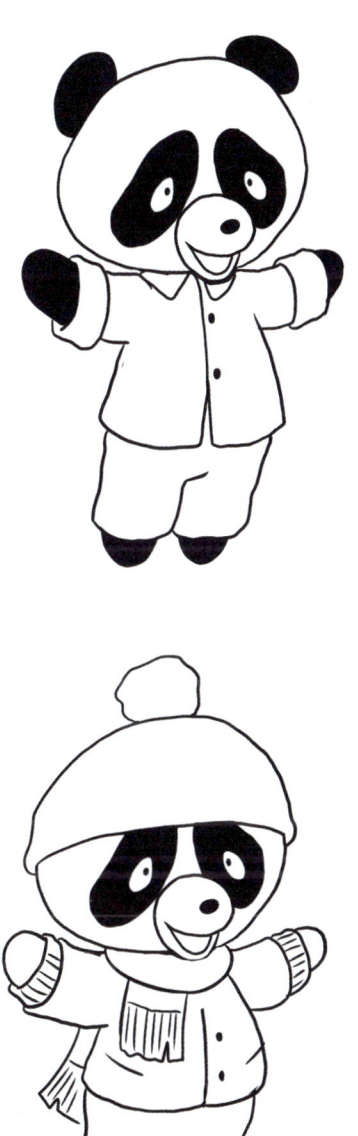

Hör zu und kreise ein. Male aus.

Finde und verbinde. Male aus.

Zeichne.

Kreise ein und male aus.

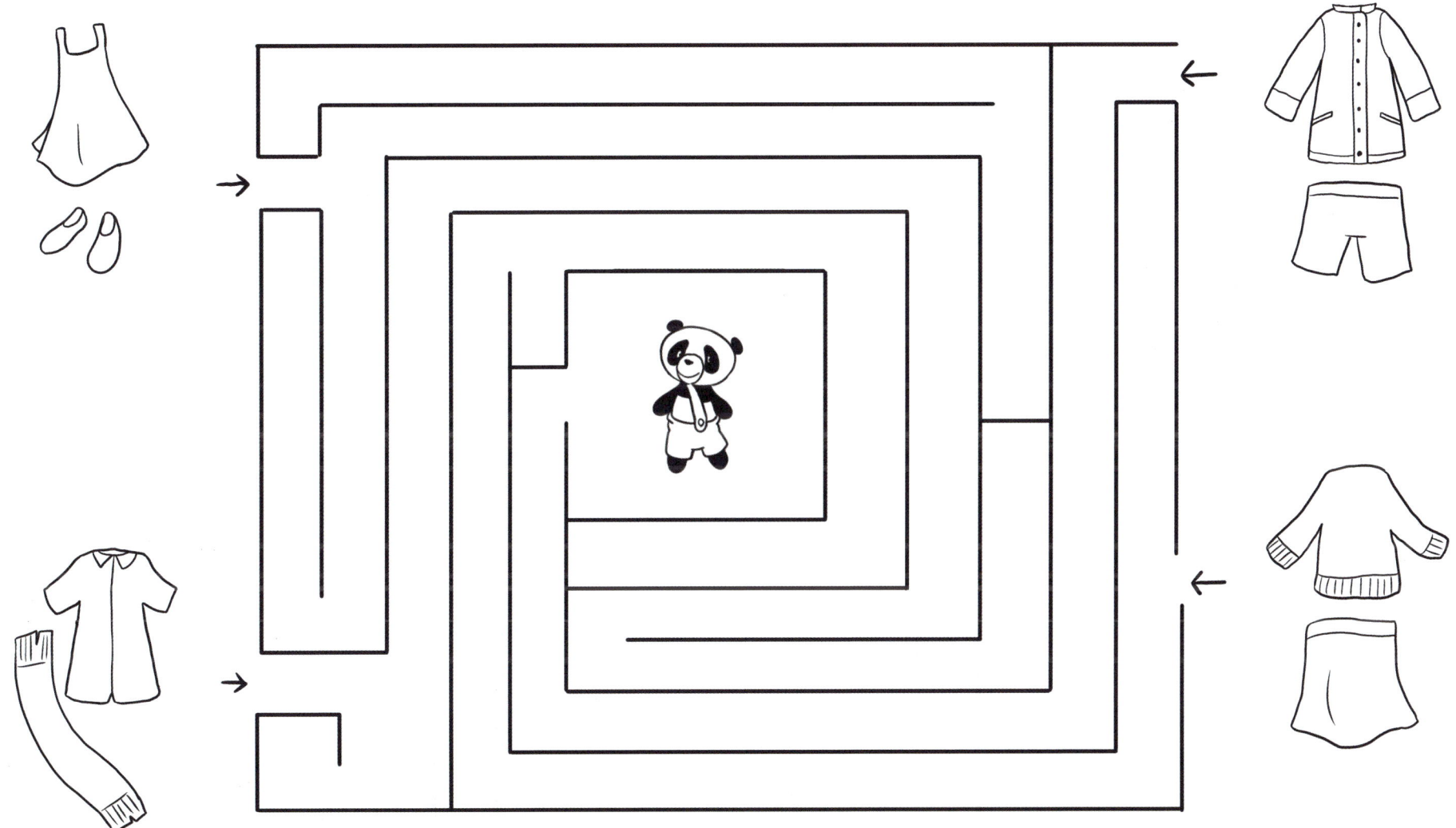

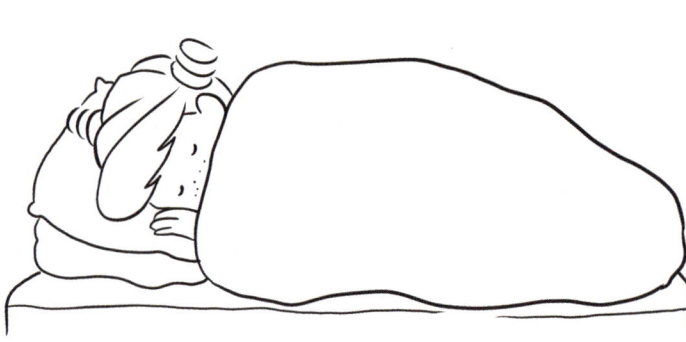

Kleb ein.

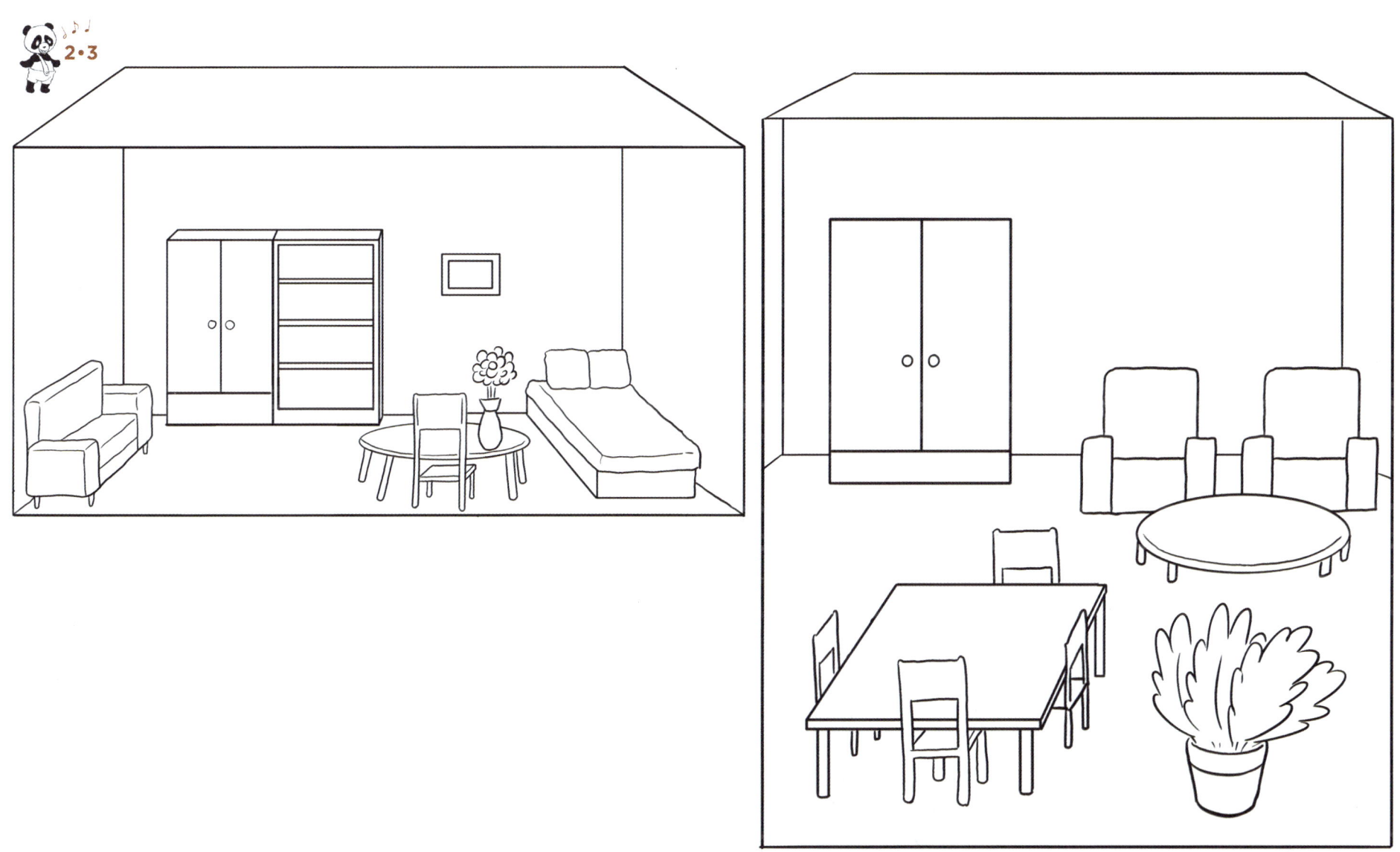

2·3

Finde und male aus.

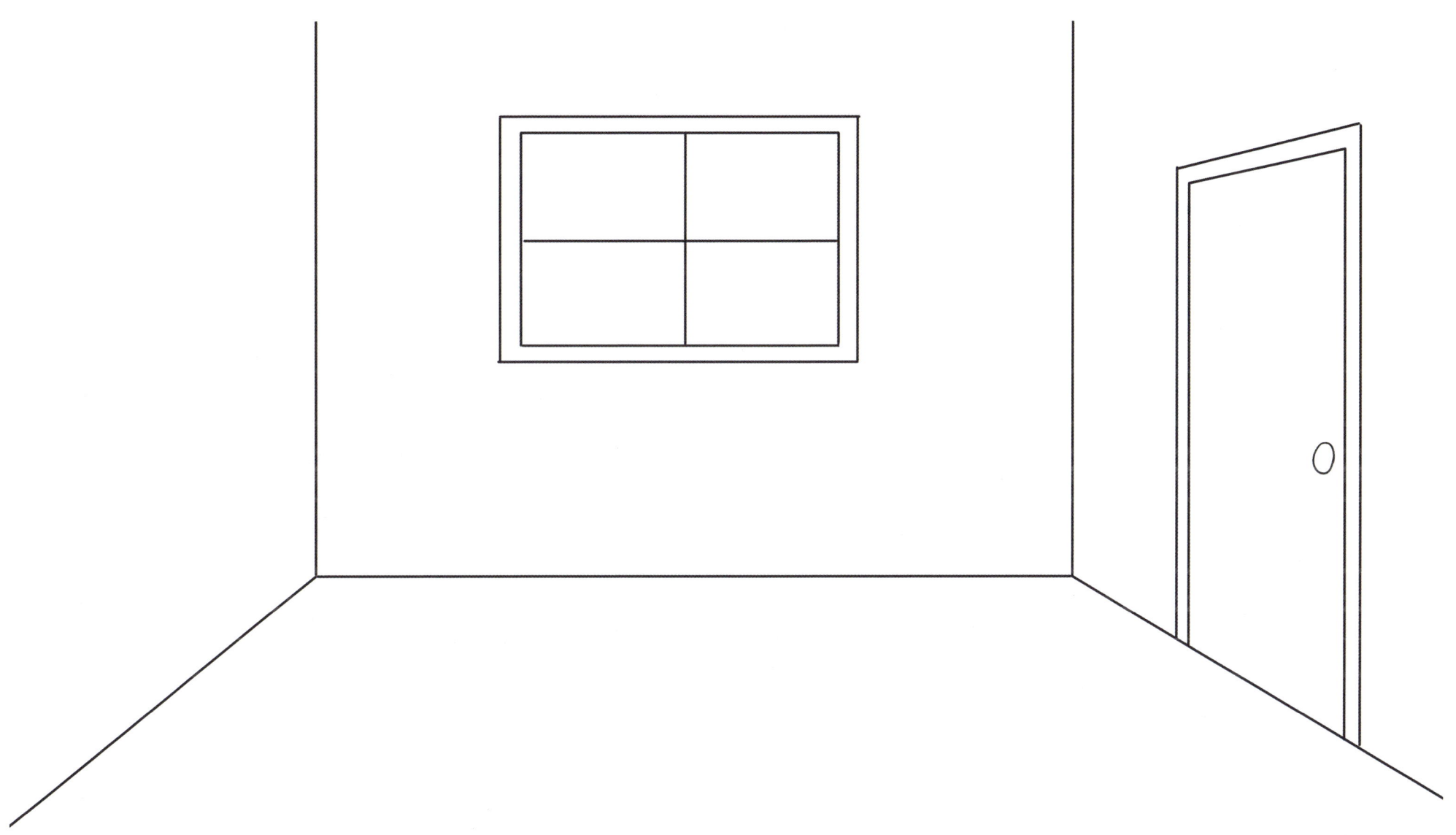

41

Zeichne.

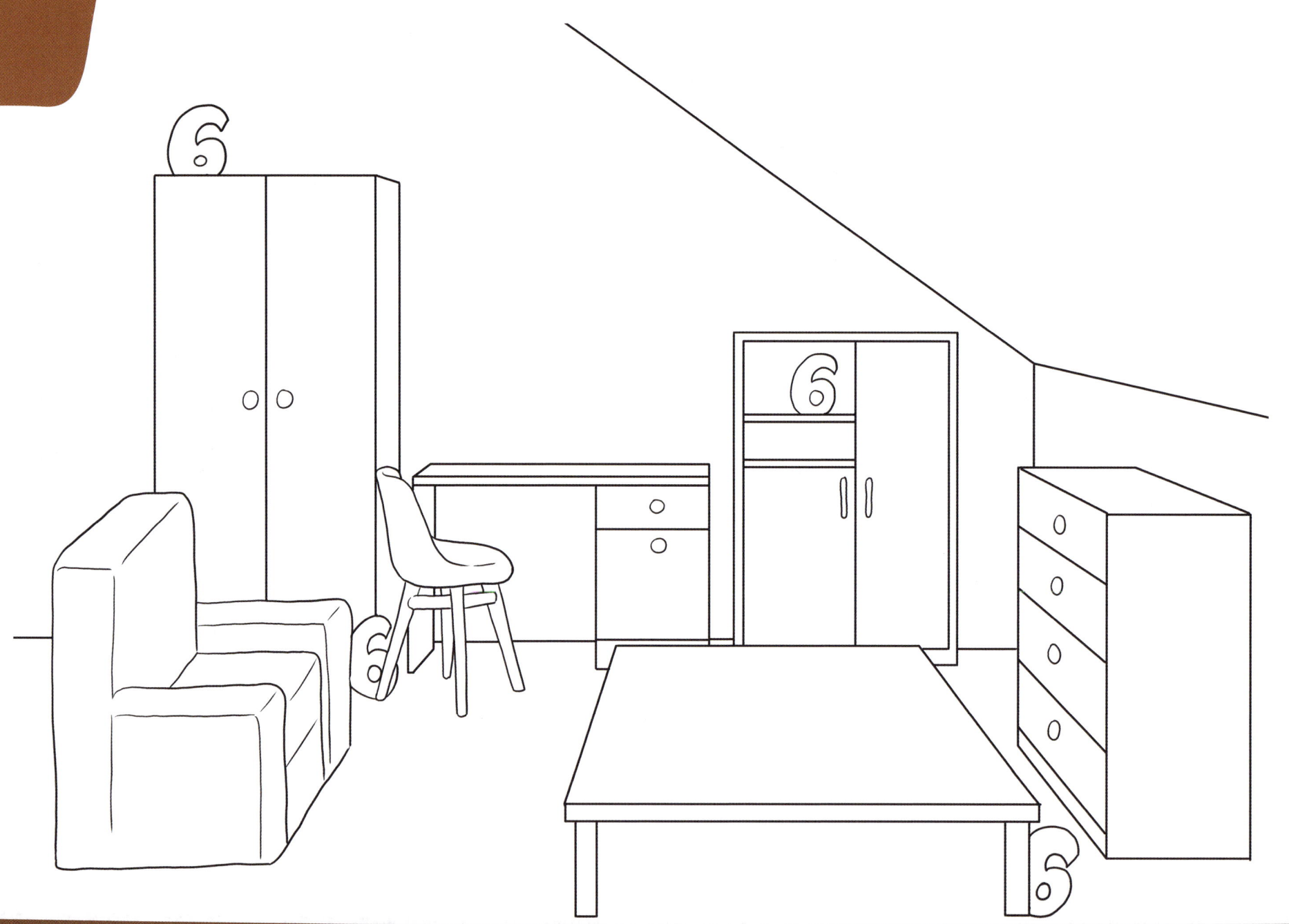

Finde und male aus.

Finde und male aus.

 2•12

Finde und male aus.

Finde und male aus.

Meine Freizeit

Zeichne und male aus.

Finde und verbinde. Male aus.

Finde und male aus.

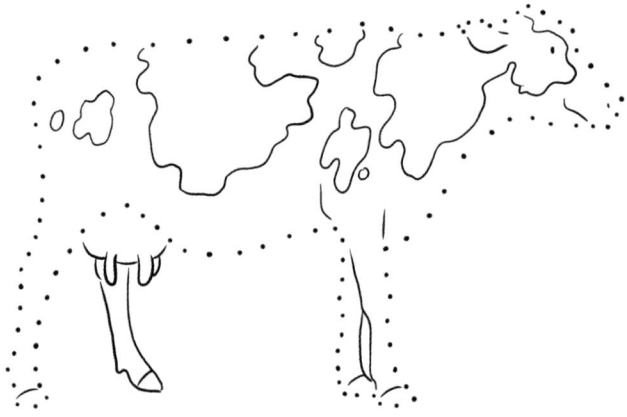

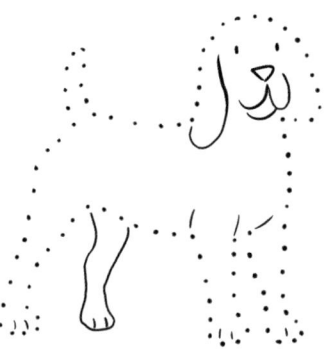

Zeichne und male aus.

2·30

Zeichne.

60 Finde und male aus.

Finde und male aus.

Hör zu und kreise ein. Male aus.

63

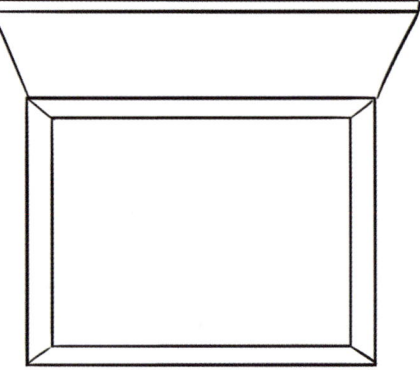

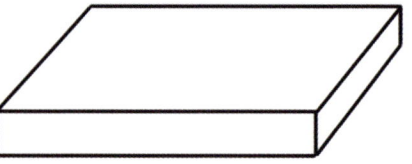

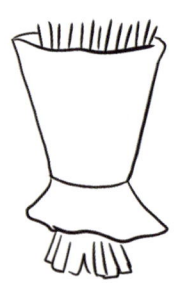

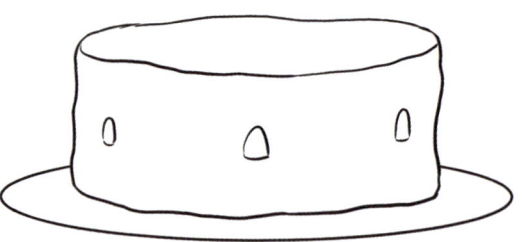

Kleb ein.

Zeichne.

Finde und verbinde. Male aus.

Finde und male aus.

Male aus.